LES
NOUVEAUX IMPOTS

ET LA

QUESTION SOCIALE

Paris.—Imp. Emile Voitelain et Cᵉ, rue J.-J.-Rousseau, 61

LES

NOUVEAUX IMPOTS

ET LA

QUESTION SOCIALE

PAR

M. GUSTAVE POUJARD'HIEU

Ancien secrétaire de la Compagnie des chemins de fer du Midi

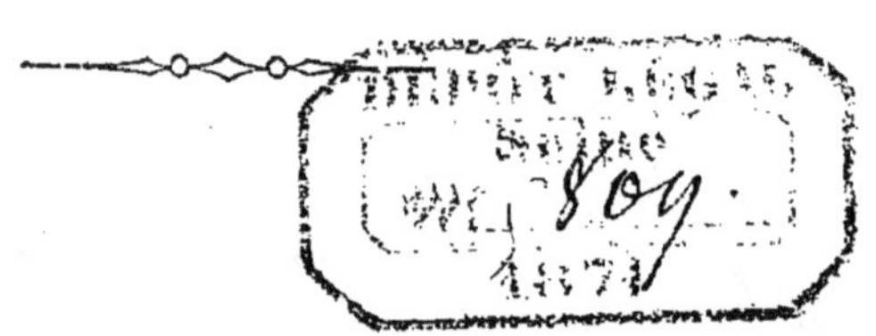

PARIS

LIBRAIRIE INTERNATIONALE

A. LACROIX, VERBOECKHOVEN ET Cᵉ, ÉDITEURS

15, boulevard Montmartre et faubourg Montmartre, 13

MÊME MAISON A BRUXELLES, A LEIPZIG ET A LIVOURNE

—

1871

A MM. les membres de l'Assemblée nationale

MESSIEURS,

J'ai l'honneur de vous adresser cet opuscule sur *les Nouveaux impôts et la Question sociale*. Les professions de foi, les propagandes de la presse sont, pour ainsi dire, muettes sur nos plaies financières. Je viens en appeler à l'Assemblée de cette indifférence. Huit milliards environ à ajouter à notre dette, semblent passer inaperçus au milieu des récriminations dans lesquelles on se complaît contre tous les gouvernements présents, passés et futurs.

Je sais, et on le redit de tous les côtés, que livrer à la publicité des combinaisons pareilles à celles que j'expose, c'est leur préparer l'échec du silence et provoquer gratuitement de puissantes inimitiés lorsque comme moi on n'appartient à aucun parti. L'abdication d'un grand nombre de conservateurs, aux dernières élections, donne la mesure des sympathies réservées aux hommes de bonne volonté. Je n'hésite pas cependant à braver l'apathie publique dans un sujet qui me paraît renfermer les plus grands périls ; car l'impôt est, par excellence, la matière révolutionnaire. Si l'opinion ne s'est pas encore émue des taxes votées et des taxes proposées pour liquider nos dettes, c'est que leur effet ne s'est pas encore fait sentir ; mais il faut songer aux dangers du réveil, et c'est dans cette visée que j'ai écrit, malgré tout ce que l'on m'a fait appréhender.

Nous avons, non-seulement à nous imposer des sacrifices, mais à nous réorganiser, et, pour cela, il faut virilement entreprendre de réformer notre manière d'être. L'établissement et répartition de nouvelles charges peuvent être la solennelle occasion d'ouvrir cette voie des réformes où la seule initiative de l'un de vous, Messieurs les Députés, a le pouvoir de faire entrer le pays.

Dans les projets sur lesquels j'appelle votre attention bienveillante, je me suis appuyé, pour trouver le plus prompt remède à nos désastres, sur la fortune mobilière représentée par des titres et constituée par des lois d'exception, des priviléges et des subventions de l'État. C'est en cela que mes combinaisons touchent à la question sociale. La constitution sans précédents de notre fortune mobilière a pour équivalent la constitution de la fortune territoriale en Angleterre. Elles ont toutes les deux la même origine : les priviléges et les lois d'exception dont je parlais plus haut. Or, en voyant, de l'autre côté du détroit, des hommes politiques prévoyants tenter de prendre la direction de l'agitation publique dans la question sociale avec la prudence et le savoir-faire de l'expérience, j'ai pensé que je serais excusé de provoquer au milieu de vous une pareille sollicitude. C'est pourquoi j'espère que vous m'absoudrez de la hardiesse de ma dédicace.

Je vous prie d'agréer, Messieurs les Députés, l'hommage de mon respect.

GUSTAVE POUJARD'HIEU.

LES NOUVEAUX IMPOTS

ET

LA QUESTION SOCIALE

Chacun des nouveaux impôts décrétés par l'Assemblée nationale a fait l'objet d'un rapport et d'un vote spécial et l'on n'aperçoit pas que le lien d'un principe les rattache entre eux. La nécessité seule paraît les avoir fait concevoir et l'urgence patriotique de remplir des engagements formidables, au milieu du désordre de nos finances, les a justifiés. Cependant, les premières douleurs étant passées, les premiers payements de l'indemnité de guerre étant opérés, lorsqu'on a été en mesure de réclamer un commencement d'évacuation de notre territoire, il est né au sein de la commission du budget un système en opposition avec les projets du gouvernement qui restaient encore à discuter, et ce système a été présenté sous les auspices et avec la grande autorité de l'honorable M. Casimir Périer. Il a pour base un impôt dit sur le revenu.

Le travail de la commission est le résultat d'études et de discussions approfondies ; et en se décidant à répartir indistinctement sur tout le monde la lourde charge de nos désastres, en faisant intervenir le fisc pour ainsi dire dans tous les mouvements de notre existence, en provoquant pour la constitution et le recouvrement de ces impôts projetés des mesures et des pratiques dont les troubles occasionnés par le recensement en 1840 rappellent l'impopularité, on a sans doute voulu faire subir à la France, pour les fautes qu'elle a laissé commettre et dont elle est victime, la discipline et la pénitence du malheur.

Si nous devions trouver dans cet état de choses les éléments d'un changement dans nos mœurs et dans notre caractère; si le développement de l'instruction permettait à l'universalité de nos concitoyens de comprendre le but de moralisation que se proposent d'atteindre les législateurs; si le pays ayant également souffert, ayant également la conscience de sa situation lamentable était fortement uni dans la pensée du sacrifice et dans l'abnégation des intérêts privés; si, en un mot, le patriotisme, ce sentiment tant dénigré et que le dénigrement a tué en s'alliant à la corruption, si le patriotisme, dis-je, avait créé une opinion incontestable, absolue, qui fît taire tous les égoïsmes, je ne trouverais rien à redire sur ce rôle moralisateur de l'impôt, sur cette mission qu'on lui donnerait d'être constamment auprès de nous et pour de longues années le spectre de notre décadence; mais, hélas! les consciences sont trop troublées et les esprits trop divisés pour que ce but soit atteint. Car les désastreux effets de la guerre ne s'étant pas également fait sentir, il est certaines contrées, on doit le reconnaître, qui sont pour ainsi parler désintéressées dans notre infortune, et si, en aidant à la résistance par leurs subsides et le sang de leurs enfants, ces contrées, où les envahisseurs n'ont pas pénétré, ont néanmoins payé leur dette au pays, il ne s'ensuit pas que le pays soit unanimement disposé à accueillir sans protestation, il est à appréhender sans troubles, les charges multiples dont on voudrait le grever. Toutefois la crainte d'oppositions égoïstes ne serait pas une raison suffisante pour repousser les projets de la commission du budget; je veux donc exposer des motifs d'un autre ordre pour les combattre et j'oserai leur substituer d'autres solutions qui me paraissent devoir conjurer les hostilités et les dangers dont, à mon avis, nous sommes menacés, si l'Assemblée nationale acceptait le système qui lui est soumis.

I

Le temps manque pour opérer un remaniement général de l'impôt. C'est une sorte d'aphorisme « qu'il ne faut pas toucher aux impôts existants, » et l'on préfère en créer de nouveaux que d'établir dans ceux qui existent l'égalité rompue par la transformation politique et économique de la nation.

Donc pour ne rien changer à l'assiette et à la péréquation de l'impôt qui remontent à plus de soixante ans, toutes les fois que le Trésor a besoin de nouvelles ressources on augmente les impôts qui existent ou l'on établit sur la production et la consommation des taxes indirectes. C'est ainsi que la France est le pays de l'Europe où l'impôt indirect donne le plus de recettes et où les recettes de cette nature s'accroissent tous les jours.

Par ces taxes indirectes, ingénieuses et multiples, l'impôt sur le revenu tel qu'il est appliqué chez les autres nations est en réalité payé en France par tout le monde. La contribution personnelle et mobilière, les portes et fenêtres, les patentes, le timbre, atteignent aussi le revenu de tous les côtés ; l'enregistrement frappe toutes les transactions d'une façon si lourde qu'il forme la plus grosse recette du budget ; cela a été expliqué et commenté maintes fois.

Cependant malgré l'accroissement de tous ces impôts, malgré la création de nouvelles taxes qui font double emploi avec celles qui sont déjà payées par le contribuable, et qui ne peuvent être prises que sur le produit de son travail, sur sa production et sur sa consommation, on veut encore créer un impôt spécial dit sur le revenu. Mais avec quoi donc paye-t-on les impôts actuels si ce n'est pas avec son revenu ?

Je me suis servi avec intention de cette expression : impôt *dit* sur le revenu, — car il faut distinguer dans ce mot vague. Entend-on par revenu le produit du travail personnel et responsable, du travail de l'agriculteur, du commerçant, de l'industriel, de l'écrivain, de l'artiste ? Ce travail entretient et accroît sans cesse la richesse publique, il fait notre prospérité, notre crédit et notre renom ; il est la source de l'épargne, mais il est essentiellement aléatoire ; il réclame des efforts de toute nature, il produit par lui-même, puisqu'il est en quelque sorte exclusivement le fruit de l'intelligence, du jugement, de l'exercice de dons particuliers, d'aptitudes individuelles développées par l'instruction, assujetties par la règle, fécondées par une constante application. Si l'on entend par revenu le produit de ce travail, je dis qu'il est atteint par les impôts existants et si on l'impose encore on tombe dans une superfétation injuste.

Mais il est un revenu qui se dérobe presque entièrement aux charges qui pèsent sur le travail aléatoire, c'est le revenu du capital mobilier, du capital acquis, qui n'est plus en gestation et est placé sur des titres. C'est celui-là qui doit seul servir d'aliment à l'impôt dit sur le revenu, par les raisons que je vais exposer. Ce capital est l'objectif de ce qu'on a appelé la question sociale, il faut désormais prononcer virilement ce mot, car la situation politique et économique de la France réclame l'application de nouveaux principes dans l'établissement de nouveaux impôts.

Ces nouveaux principes doivent être la conséquence de la révolution profonde apportée depuis quatre-vingts ans dans la répartition et la constitution de la fortune privée. La loi sur les successions qui a amené la division des héritages ; le morcellement de la propriété foncière, la création d'une fortune mobilière immense, ont donné naissance à une société qui n'a pas de précédents dans l'histoire. Mais c'est surtout la fortune mobilière qui est la grande nouveauté ; elle repose sur des valeurs fiduciaires qui peuvent presque toutes être anonymes et représente actuellement un capital égal à celui du sol.

La révolution produite non-seulement par le morcellement de la propriété agricole, mais encore par le défrichement et la mise en culture de terres stériles, par l'élévation du prix de cette propriété et de ses produits, cette révolution a besoin d'être sanctionnée par un remaniement, par une nouvelle péréquation de l'impôt foncier qui se trouve aujourd'hui fort injustement réparti. Ce grand travail exigera des soins assidus et du temps, il ne peut être fait dans ce moment, et l'impôt foncier, on est d'accord là-dessus et par des raisons toutefois bien diverses, ne paraît pas pouvoir être augmenté ou remanié maintenant, parce que nous sommes pressés par les circonstances.

Je n'ai donc pas à m'occuper dans cette étude de la propriété territoriale qui ne peut être que plus tard appelée à participer à la réorganisation de nos finances.

Le remaniement de l'impôt foncier étant réservé à l'avenir, pour établir de nouveaux principes dans la création de nouveaux impôts nous n'avons donc devant nous que la fortune mobilière.

Et d'abord, comment est composée cette fortune et à quel chiffre s'élève-t-elle? Examinons :

La fortune mobilière a été d'abord créée par le concours et la participation universelle des citoyens sous la forme de rentes d'État dont l'épargne ou les profits de l'agriculture, du commerce et de l'industrie, ont fourni le capital et dont le travail général du pays donne les intérêts. La rente sur l'État est le type de la fortune mobilière représentée par des titres, qui se vendent et s'achètent comme une marchandise.

Mais à l'encontre de ce qui existe pour la fortune immobilière, l'achat et la vente des titres mobiliers ne rapportent rien à l'État; les titres nominatifs seuls, lorsqu'ils proviennent d'héritages payent les droits de succession.

La liquidation de l'Empire et de la guerre vont élever le capital des titres de rentes françaises sur l'État à plus de 20 milliards.

A côté de la dette publique il existe des titres d'emprunts

départementaux, communaux, municipaux, dont le capital est pris aux mêmes sources et qui ont pour garantie des impôts spéciaux, les centimes additionnels, l'octroi, etc., etc.

Ces titres forment un capital que l'on peut estimer à 4 ou 5 milliards.

L'État ayant par des priviléges gratuits et par des lois d'exception accordé à certaines sociétés le droit de pourvoir aux besoins du commerce, de l'industrie et de l'agriculture, les institutions de crédit qui ont obtenu ces priviléges représentent, par les bénéfices qu'elles font et l'énorme place qu'elles tiennent dans notre économie financière, un des plus importants éléments de la fortune mobilière. Près d'elles se placent les compagnies d'assurances et les divers établissements de crédit qui doivent leur existence au don d'une forme sociale privilégiée. Le fonds social de ces diverses sociétés doit dépasser un milliard « au pair. »

Mais après la rente, le capital en titres mobiliers le plus considérable qui existe est celui des six grandes compagnies de chemins de fer. Leur capital actions au pair de 500 francs est de 1,477 millions; elles avaient en circulation au 31 décembre 1867 des obligations pour une somme de 8 milliards 319,473,466 francs, en y comprenant la prime de remboursement, et au 31 décembre 1871, ce chiffre sera sans doute porté, en y comprenant toujours la prime, à plus de 10 milliards.

Nous voici arrivé à un total de près de 38 milliards. Il convient de l'augmenter de 8 milliards d'hypothèques réelles qui reposent sur des titres qui ont la faculté de la mobilisation et du milliard et demi à peu près de lettres de gage du Crédit foncier; nous parvenons ainsi à 47 milliards.

Maintenant, si on tient compte des titres des sociétés industrielles et de mines, de ponts, de gaz, des petites compagnies de chemins de fer, si on joint à ces titres les valeurs étrangères dont l'émission en France pendant l'Empire s'est élevée à 10 milliards, on peut dire que le capital de la fortune mobilière créée et alimentée par la France dépasse et de beaucoup 50 milliards. On estimait avant notre démembrement que la France contenait 50 millions d'hectares qui, à raison de 1,000 francs l'hectare en moyenne, valaient 50 milliards. Les deux fortunes mobilière et territoriale sont donc, on peut le dire, égales ; mais combien est différente leur manière d'exister !

Nous connaissons les impôts directs et indirects qui pèsent sur la terre et le rôle que joue dans notre économie sociale la propriété agricole ; voyons quel est celui que remplit la fortune mobilière et quelles sont les charges qui incombent à ses détenteurs ?

Cette fortune représente le capital qui a fait son évolution et est arrivé à l'état de repos. Ce capital a servi à payer des dettes publiques, à fonder des sociétés, à exécuter de grands travaux publics, mais aujourd'hui il ne sert plus à la communauté, il n'est plus profitable qu'à celui qui le possède. Il a créé le rentier, c'est-à-dire le mot le dit, le citoyen qui a quitté la vie active et qui ne travaille plus. Ce capital administré ou géré par des agents dont la conduite est entourée des plus grandes garanties ne réclame de celui qui le possède aucun labeur, aucun effort personnel pour le faire produire et ne l'expose à aucune responsabilité. En outre l'impôt ne le frappe pas ; ni la rente, ni les titres départementaux, communaux et urbains, ni les créances hypothécaires ne paient l'impôt proprement dit. On a mis un impôt sur les titres des compagnies de chemins de fer et sur leurs tarifs, c'est vrai, on vient même de l'augmenter ; qui le paie ? le public ; les compagnies élevant leurs tarifs en conséquence.

Les valeurs étrangères jouissent d'une immunité presque égale à celle de notre rente elle-même.

Les taxes payées par les possesseurs de rentes ou de titres de sociétés financières et industrielles ne peuvent donc être comparées à celles qui frappent directement et indirectement le sol et ses produits, ni à celles que paient le commerçant et l'industriel grand ou petit.

Et cependant ce capital mobilier qui n'a presque pas de charges si on réfléchit à celles qui atteignent de tous côtés la production et la consommation, cette fortune mobilière qui a tant de moyens mis à sa disposition pour circuler, emprunter, s'échanger, cette fortune a été exclusivement créée et est desservie par des privilèges, des dons et des contributions de l'État, c'est-à-dire par des faveurs accordées au nom de la nation, sous le couvert des intérêts généraux du pays, et par les deniers de tout le monde, c'est-à-dire par l'impôt.

Si donc il est incontestable que les détenteurs de cette fortune mobilière sont redevables à la nation qui, par ses mandataires, quels qu'ils fussent, leur a accordé des priviléges, des dons et d'énormes subsides, qui ont fait et font leur prospérité, si ces priviléges, dons et subsides ne leur ont été octroyés que pour servir les intérêts généraux du pays, lorsque ces intérêts généraux commandent à leur tour à tout le monde de venir au secours de la chose publique, ne doit-on pas leur demander à eux les premiers de faire pendant quelque temps des sortes de restitutions proportionnelles aux profits qu'ils ont fait dans le passé et à ceux que leur réserve l'avenir ?

Car il ne faut pas nous le dissimuler, c'est la venue au monde de cette formidable richesse mobilière qui n'a pas de précédents, c'est la rapidité avec laquelle elle s'est constituée, les abus dont elle a été la cause, le favoritisme dont elle a été l'objet; c'est, dans un pays où la démocratisation de la fortune a imposé à la majorité des citoyens l'impérieuse nécessité du travail, cette sorte d'irresponsabilité que présente la jouissance de la fortune mobilière, ce sont les hasards et les spéculations douteuses qui l'ont la plupart du temps engendrée, les occasions qu'elle fournit de faire triompher cette espèce de malhonnêteté que l'opinion, hélas! ne flétrit plus et qui est la source des gains les plus frauduleux; c'est toute cette atmosphère malsaine dans laquelle est éclose, s'agite et vit la fortune mobilière qui a produit les germes de cet antagonisme que l'on appelle la lutte entre le capital et le travail, lutte passionnée qui menace de tarir toutes les sources de notre prospérité.

Voilà pourquoi la question sociale est agitée dans la création de nouveaux impôts : voilà pourquoi j'essaie d'amener à cette conviction que la fortune mobilière ayant soulevé la question sociale, c'est elle qui doit y apporter les apaisements nécessaires.

Le capital placé sur les titres d'État et des grandes sociétés financières et industrielles, sur les hypothèques ne se reproduit plus; il ne sert plus, comme je l'ai déjà dit, qu'à celui qui le possède, il ne fait plus partie des capitaux disponibles qui peuvent créer de nouvelles entreprises et satisfaire aux besoins de l'agriculture, du commerce et de l'industrie; et, puisque nous sommes en train de nous dire des vérités, avouons-le, ce capital vit du travail d'autrui. Il est toutefois le produit d'un travail antérieur, il est en majeure partie le fruit de l'épargne, de la bonne conduite et de la patience, et quels que soient les débats désordonnés que provoque sa manière d'être, son origine est aussi respectable que celle de n'importe quelle propriété. Mais ce capital, je ne saurais trop insister sur ce point, n'engage plus la responsabilité personnelle de celui qui le possède, en ce sens qu'il ne réclame plus dans la formation de son revenu le travail individuel de son détenteur, et que par exemple un négociant qui a des rentes sur l'État, des actions ou des obligations de chemins de fer perçoit de ce chef des revenus pour lesquels il n'a à donner ni une parcelle de son temps, ni la moindre application intellectuelle, ni le plus petit engagement qui puisse troubler ses autres affaires. La rente donne des revenus produits par la généralité des citoyens et perçus par des agents payés par le Trésor public, c'est-à-dire par tout le monde; celui qui jouit de ces revenus n'encourt aucune responsabilité et ne donne aucun travail personnel, et enfin, comme on dit, le capital mobilier vit « de ses rentes! »

Cette situation a créé, je le répète, au capital mobilier des antagonistes nombreux et elle sert de prétexte à d'incessantes attaques contre tous les possesseurs de capitaux indistinctement. Peu s'en faut que les sociétés privilégiées, que les compagnies subventionnées et auxquelles on a accordé des monopoles ne soient, pour quelques esprits chagrins, les cénacles de cette aristocratie financière dont M. Guizot a dit que c'était « celle qui inspire le moins d'estime et le plus d'envie. »

Ce trouble des esprits commande de remonter à ses causes.

La France est le pays du monde où la nécessité du travail est la plus générale; la fortune y est viagère par suite de la loi sur les successions, et la propriété immobilière est répartie entre cinq ou six millions de propriétaires. Cet état social, le plus démocratique qui existe, ne permet qu'à un très-petit nombre de personnes de vivre sans rien faire. Or, la création continuelle de valeurs sous la forme de rentes d'État et de sociétés industrielles et financières privilégiées enlève aux générations qui arrivent les capitaux dont elles auraient besoin pour travailler, et c'est déjà un état de choses fort grave; mais si on ajoute à la gravité de cette situation que les générations qui arrivent sont obligées de pourvoir par leur travail aux revenus de ces capitaux, qui ne peuvent pas servir à leurs besoins, que de plus on a comblé ces capitaux de priviléges, de garanties et de subventions, ne peut-on pas comprendre que l'on reproche à la fortune mobilière de renfermer dans sa constitution et son existence tous les abus de notre état social d'avant 89?

Il faut le reconnaître, ces reproches ne sont pas tout à fait dépourvus de fondement. C'est pourquoi je voudrais que la fortune mobilière constituée par des dons, priviléges et contributions de l'État supportât pour la plus grosse part le poids de nos désastres, et, je me hâte de le dire, elle peut faire ce sacrifice, sans trop en pâtir, comme je l'exposerai.

Mais qu'on ne me dise pas que l'État a signé des contrats et qu'il doit les respecter quand même!

Est-ce que dans tous les contrats privés il n'y a pas une clause qui stipule que les cas de force majeure annulent les contrats? Est-ce que les taxes que l'on vient de voter sur la production et la consommation n'annulent pas tous les contrats des entreprises formées en l'absence de ces taxes? Est-ce que les grandes sociétés financières comme les compagnies de chemins de fer n'ont pas quatre ou cinq fois obtenu des modifications à leurs contrats qu'elles ne pouvaient ou ne voulaient pas tenir? Est-ce qu'un nouvel impôt n'apporte pas avec lui la violation d'un contrat fait avant qu'il ne fut créé? N'avons-nous donc pas été envahis, conquis et rançonnés par la Prusse? La violation des contrats est la conséquence de nos défaites; — l'objection est la même de quelque côté qu'on se retourne; — mais la question est de savoir si on doit s'arrêter devant une objection qui sera commune à tous ceux que les nouveaux impôts vont atteindre, — pour soustraire aux contributions qu'elle est seule en état de donner une fortune mobilière de plus de cinquante milliards dont la prospérité survit à nos désastres, et qui a été constituée par des subventions puisées dans l'impôt et par des lois d'exception? Comment! on n'aurait que cette raison à faire valoir pour laisser les priviléges jouir en paix de conventions léonines et on n'hésite pas dans des circonstances où l'activité industrielle et commerciale est paralysée par les événements, où l'industrie et le commerce sont en liquidation, où les besoins de produire sont aigüs pour satisfaire à des engagements vitaux, où les conditions de l'existence matérielle, sont non-seulement plus lourdes, mais présentent des surélévations inouïes dans le prix des denrées; au moment où une infinité d'entreprises en cours d'exécution sont condamnées à périr si elles ne trouvent des capitaux disponibles; au moment où la nécessité du travail est une question de vie ou de mort, on n'hésite pas, dis-je, à proposer de tarir la source des petites épargnes en imposant les bénéfices aléatoires de l'industrie et du commerce, à taxer les petites fortunes déjà impuissantes à satisfaire à leurs charges, à les mettre dans l'impossibilité d'économiser, à prélever une dîme sur toutes les consommations, et même sur toutes les distractions presque nécessaires dans des temps si troublés! On établit des catégories arbitraires dans ces taxes; on frappe par le timbre, par des réglementations et des embarras fiscaux de toute nature, toutes les transactions, c'est-à-dire que le pays ayant besoin d'une vie sans entraves et d'une liberté absolue afin de déployer dans tous les sens l'énergie et les facultés de produire qu'il renferme pour réparer ses désastres, on veut mettre à côté de lui comme son ombre le fisc qui le suivra partout et le rançonnera dans tous les actes de son existence! On veut faire cela et on n'oserait pas appliquer un autre système qui, en n'imposant que ceux qui jouissent depuis de longues années d'une prospérité sans exemple, auxquels une prospérité continue est réservée dans l'avenir, serait en même temps un moyen d'apaiser les passions politiques, d'éviter les aventures et les agitations que ne manqueront pas d'entraîner à leur suite cette multiplicité de nouveaux impôts qui vont être la source et le prétexte d'une incessante opposition ?

Non, je ne peux pas croire que l'on étouffe des propositions plus équitables et plus politiques que celles de la commission du budget et que l'on recule devant des combinaisons qui, en obligeant la fortune mobilière à donner les contributions que sa constitution comporte, établiraient dans les charges dont la nécessité commande de nous frapper une juste pondération.

Mes propositions consistent dans l'ordre d'énumération que j'ai fait du capital mobilier :

1° A démontrer qu'un impôt sur la rente et les emprunts de départements, de villes et de communes ne présenterait pas de graves inconvénients ;

2° A réclamer des six grandes compagnies de chemin de fer un concours effectif et immédiat pour réaliser des sommes considérables ;

3° A indiquer un mode de contributions qui pourrait être réclamé des sociétés financières privilégiées ;

4° A provoquer l'établissement d'un impôt sur la négociation des valeurs étrangères et des valeurs diverses, et sur les hypothèques.

J'entre en matière :

On ne veut pas imposer la rente sur l'État, on n'ose pas l'imposer, et j'avoue que la seule objection plausible à l'établissement de cet impôt, la nécessité d'emprunter, me touche beaucoup.

Si vous mettez un impôt sur la rente, dit-on, vous le payerez dans vos emprunts, par une diminution dans le prix de leur émission égale si ce n'est supérieure au taux de l'impôt lui-même ; vous n'aurez rien gagné et vous aurez porté atteinte à votre crédit. Pour la dernière partie de l'objection je la trouve si sérieuse que j'ai écrit moi-même que, dans les circonstances actuelles, il ne fallait pas songer à imposer la rente, mais quant à la première partie de l'objection je crois qu'il est facile de la réfuter. En effet, le prix d'une rente d'État ne dépend pas de l'intérêt que donne cette rente ; il résulte de la confiance qu'inspire la richesse, l'administration et la politique de l'État qui emprunte. Notre rente 3 p. 100 a valu 75 fr. sous l'Empire, ce n'est pas un impôt de 4 ou 5 p. 100 qui l'aurait fait tomber à 50 fr. Il a fallu pour cela une guerre et une révolution. Il y a des États qui donnent 12 à 14 p. 100 de revenu sur le prix de leurs emprunts. Pourquoi ? Parce que la situation politique, la richesse et l'administration de ces États n'inspirent que peu de confiance. Le prix des rentes publiques est donc solidaire du régime social des gouvernements qui empruntent. La rente française présente aujourd'hui malgré l'augmentation de notre dette des garanties aussi incontestables et aussi certaines qu'il y a quarante ans.

En l'imposant pour donner aux créanciers de l'État de leurs propres mains une garantie surabondante de sa solidité, ce ne serait donc pas compromettre le titre, et il y aurait à examiner s'il ne serait pas plus avantageux d'emprunter cinq milliards, à un taux relativement onéreux, pour obtenir un revenu « perpétuel » de 4 ou 5 p. 100 sur vingt milliards qui vont représenter plus de huit cent millions de rente.

En y réfléchissant donc, je crois que l'établissement d'un impôt sur la rente n'est qu'une question d'opportunité.

J'en dirai autant des emprunts départementaux, communaux et urbains, auxquels peuvent s'appliquer les raisonnements qui précèdent.

L'État dans les concessions de chemins de fer s'est réservé de partager leurs bénéfices au-dessus de 8 p. 100. Il est vrai que les compagnies n'ont jamais accompli cette clause de leur cahier des charges, mais elle n'en existe pas moins comme un principe que l'État, lorsqu'il délègue des droits régaliens à des sociétés privées peut et doit se réserver une part pour la chose publique dans les profits de ces sociétés. Pourquoi donc lorsqu'il a donné des priviléges à certaines associations financières n'a-t-il pas fait la même réserve ? En 1857, pour renouveler le privilége de la Banque de France, il exigea qu'elle lui prêtât cent millions à 4 p. 100. Ces cent millions furent représentés par cent mille actions

nouvelles de 1,000 fr., qui furent souscrites par les actionnaires de la Banque. Le lendemain du renouvellement de ce
privilége ces actions de 1,000 fr. atteignaient le prix de
4,600 fr., soit 3,600 fr. de prime, en sorte que pour obtenir
un prêt de cent millions à 4 p. 100, l'État a fait gagner Trois
Cent soixante millions aux actionnaires de la Banque, en sus
des bénéfices que leur avait donné et que devait leur pro-
curer son exploitation. Le Crédit foncier, doté de lois spé-
ciales qui ne peuvent servir qu'à lui, a vu ses actions libérées
de 250 fr. s'élever à 1,700 fr.; le Comptoir d'escompte, ses
actions de 500 fr. valoir 800 fr.; les autres institutions de
crédit ont gagné aussi des plus values considérables sur
leurs titres; il y a des compagnies d'assurances qui distri-
buent jusqu'à 200 p. 100 de dividende. — Qu'est-ce que
c'est qu'un impôt sur la prime d'assurance que vont
payer les assurés et non les compagnies? — Toutes les
sociétés dont il s'agit n'ont obtenu la faveur publique et ne se
livrent à des opérations qui ont pour elles de si fructueux
résultats que par suite des priviléges de forme sociale que
l'État leur a donnés. Elles ont en réalité, sinon légalement,
des monopoles. Et l'État ne s'est réservé aucun profit dans
ces associations de capitaux privés? Ne serait-il pas juste,
dans la détresse où nous sommes, de leur imposer, comme aux
compagnies de chemins de fer, l'obligation de partager avec
l'État leurs bénéfices au-dessus de 8 p. 100? Ce serait non-
seulement juste, mais ce serait politique, et je soumets hum-
blement la question à la commission du budget et à l'Assemblée nationale.

J'arrive aux compagnies de chemins de fer et je prendrai
les six grandes compagnies : Nord, Est, Ouest, Midi, Orléans,
Paris-Lyon-Méditerranée.

Je ne dois pas dissimuler qu'il ne s'agit pas de présenter
de nouveaux moyens d'imposer ces compagnies. Ce que je
viens leur demander c'est une contribution, une part de leurs
profits pendant un certain temps pour aider le pays à liquider
ses dettes.

Mes propositions à leur endroit sont justifiées par leur
constitution même et par les conditions exceptionnelles et

privilégiées qui sont la source de leur monopole. Je vais les rappeler.

On sait qu'à l'avénement du second Empire un décret souverain porta à quatre-vingt-dix-neuf ans la durée des concessions de chemins de fer qui avaient été adjugées sous le gouvernement constitutionnel pour une durée qui variait de vingt-sept à soixante-quinze ans.

Cette libéralité gratuite n'a pas suffi toutefois à ces sociétés, aujourd'hui représentées par les six grandes compagnies dont nous venons de parler, et l'on a successivement élevé leurs subventions à un chiffre qui dépasse un milliard et demi ; on leur a donné des garanties d'intérêt sur une somme de plus de quatre milliards et enfin on a remanié périodiquement leurs contrats pour maintenir à une plus value qui a dépassé pour quelques-unes 100 p. 100, la valeur de leurs actions.

Ce que j'ai dit sur l'objection du respect des contrats s'applique particulièrement à ces compagnies. Le résumé que je viens de faire démontre irréfutablement qu'elles n'ont jamais exécuté les engagements qu'elles avaient pris et que des conventions sans cesse renouvelées les ont sans cesse dénaturés.

Si donc je touche aux contrats des six compagnies, je ne dois pas être retenu par de fallacieux scrupules ; car il est permis de dire qu'en se servant à outrance du droit de revenir sur leurs conventions et de les modifier, elles ont elles-mêmes donné un droit égal au pays ; et s'il s'en sert, au nom et pour le bien-être de la chose publique, les intérêts privés que représentent ces compagnies doivent s'incliner devant l'intérêt général.

Toutefois, je me suis efforcé dans les propositions que je vais développer de donner aux compagnies, dans l'avenir, des compensations que je crois équitables, en raison des contributions qui leur seraient demandées dans le présent.

Sans revenir sur les considérations que j'ai fait valoir dans *la Revue des Deux-Mondes* (1) et qui ne sont pas dans mon

____

(1) Voir *la Revue des Deux-Mondes* du 15 octobre 1860.

sujet, pour prouver que *le rachat des chemins de fer par l'État* serait toujours une opération désastreuse au point de vue politique, économique et financier, je crois pouvoir déclarer qu'avec une dette de vingt milliards, l'État ne sera jamais en situation d'exproprier les concessions de voies ferrées qui vont bientôt représenter un capital égal, cette expropriation ne pouvant se justifier que par un abaissement des tarifs dont le résultat serait un déficit considérable à combler par les recettes du budget.

La première compensation qui devrait donc être offerte aux compagnies en raison des conventions nouvelles qu'on leur imposerait consisterait à porter de nouveau leurs concessions à quatre-vingt-dix-neuf ans, à partir du 1er janvier 1872.

Elles ont épuisé vingt ans de jouissance, ils leur seraient accordés à nouveau et l'amortissement de leurs actions serait retardé d'autant.

Quant à l'amortissement de leurs obligations, il serait l'objet d'une opération financière au profit de l'État qui forme la première partie de mon projet.

Il existera au 31 décembre 1871 environ vingt millions de titres d'obligations des six grandes compagnies.

Avec une circulation aussi formidable, on peut affirmer que la chance d'un remboursement au pair par le hasard des tirages n'est entré presque pour rien dans les calculs de l'obligataire. Sur des titres à si longue échéance et si nombreux, aucun homme raisonnable n'a pu faire entrer un si grand hasard dans ses calculs. Beaucoup de titres sortis aux tirages n'ont pas en effet été présentés et dans ce moment on fonde des offices pour prémunir les porteurs d'obligations contre leur propre négligence. Ces titres ont été achetés depuis 260 fr. jusqu'au-dessus de 300 fr. et ces prix divers n'ont jamais eu d'autres motifs que la situation générale des affaires. Les bons trentenaires émis par l'État avec une chance de remboursement de plus de deux tiers supérieure à celle que présentent les obligations de chemins de fer ne leur ont pas été préférés. C'est là un fait qui fournit surabondamment la preuve que le capitaliste obligataire compte pour rien les éventualités de remboursement au pair que présente son placement. L'unique raison qui a fait rechercher ces titres c'est leur solidité et la certitude du payement des intérêts. Je ne veux rien changer à ces conditions de confiance, au contraire. En effet l'opération que je propose est celle-ci :

Il serait substitué aux vingt millions de titres d'obligations actuellement en circulation vingt millions de titres nouveaux *uniques* qui concentreraient toutes les garanties données aux compagnies et toutes celles qu'elles renferment. Il n'y aurait plus qu'un titre d'obligation pour les six grandes compagnies. La solidité exceptionnelle que présenteraient ces titres se démontre d'elle-même. Mais ils seraient émis à quatre-vingt-dix-neuf ans ; nouveau délai de jouissance des compagnies et l'opération faite *au profit de l'État* produirait le bénéfice de vingt ans d'amortissement puisque les titres qui seraient retirés de la circulation n'ont plus aujourd'hui que quatre-vingt ans à courir.

Dépositaire de tous les titres retirés de la circulation, l'État percevrait le remboursement des obligations que le sort désignerait tous les ans.

Examinons les divers côtés de cette combinaison :

Les vingt millions de titres d'obligations en circulation avec la prime de remboursement représenteront à peu près dix milliards au 31 décembre 1871.

Les compagnies en répartissant de nouveau ce remboursement à quatre-vingt-dix-neuf ans sur de nouveaux titres feront, dans l'échange des titres, le bénéfice du retard sur les vingt nouvelles années à courir. Ce bénéfice que je ne peux apprécier est très-important, car on n'ignore pas que le chiffre de l'amortissement est relativement très peu élevé pour les premières années. L'amortissement de leurs obligations recommencerait donc pour elles dans les conditions où il a été opéré depuis leur origine jusqu'à ce jour.

De plus, les compagnies susmentionnées ayant encore à peu près trois milliards à emprunter pour terminer leurs réseaux dans un délai de sept ou huit ans, les obligations qu'elles auront à négocier de ce chef seraient, dans leur situation actuelle, remboursables dans une période moyenne de soixante-dix ans, puisque ces compagnies n'ont plus que quatre-vingts ans de jouissance, tandis qu'elles offriraient une période moyenne de quatre-vingt-dix ans avec la prorogation à quatre-vingt-dix-neuf ans. Bénéfice pour les compagnies vingt ans d'amortissement sur trois milliards (1).

Voilà les premières compensations que présenterait aux six compagnies pour faire profiter l'État d'un remboursement de vingt ans sur dix milliards d'obligations en circulation, la prolongation de leurs concessions à quatre-vingt-dix-neuf ans.

Mais, dira-t-on, l'amortissement versé dans les mains de l'État va faire double emploi. A cela je répondrai : si rien n'est changé à la situation actuelle des compagnies, dans quatre-vingts ans elles seront dépossédées; en leur donnant vingt ans de plus de jouissance c'est en réalité comme si elles avaient eu cent dix-neuf ans à leur origine et je calcule comme si cette jouissance de cent dix-neuf ans leur avait été accordée dès le principe. Elles auraient bien payé l'amortissement dans ce cas, et rien n'est changé dans leur situation. Le dommage, si dommage il y a, tombe sur l'obligataire et ce dommage se borne à une diminution dans la chance d'un remboursement au pair, sur laquelle, je l'ai démontré, il n'a jamais compté.

Mais voyons ce que cet amortissement des obligations pendant vingt ans va produire à l'État. Je ne peux faire qu'une appréciation, mais la base que je vais lui donner me paraît indiscutable.

Il y a dix milliards à amortir actuellement dans une période de quatre-vingts ans, puisqu'il y a vingt ans d'écoulés. Les vingt ans qui suivent cette période écoulée comportent un chiffre de remboursement qui doit s'accroître dans une forte proportion, puisque l'on atteint presque la moitié de la

____

(1) Les obligations à émettre pour terminer les réseaux seraient les mêmes que celles émises. Unité dans le titre.

La caisse à former pour ces opérations pourrait fournir les éléments d'une transaction entre les partisans du rachat et la situation actuelle des compagnies. — J'exposerai, s'il y a lieu, cette combinaison secondaire pour le moment.

durée des concessions actuelles, car cet amortissement futur et l'amortissement accompli forment une période de quarante ans. D'un autre côté, si l'amortissement se répartissait également, dix milliards à amortir dans quatre-vingts ans représenteraient un amortissement de cent vingt-cinq millions par an.

Ainsi en calculant la moyenne de cet amortissement à la moitié de ces cent vingt-cinq millions, soit, en chiffres ronds, à soixante-trois millions par an en moyenne, pendant les vingt ans à courir, je crois être dans la vérité. Eh bien ! le produit est de Un milliard deux cent soixante millions. Et si l'État fonde une caisse spéciale chargée de recueillir cette somme et de la faire valoir, en tenant compte de la capitalisation des intérêts, on peut dire que l'opération devra produire deux milliards dans une période de vingt ans. On sait qu'une somme placée à intérêt se double tous les quatorze ans. Voilà le bénéfice de l'État dans l'opération que je propose : Deux milliards.

Cependant les concessions étant renouvelées pour quatre-vingt-dix-neuf ans il y aurait lieu de modifier les cahiers des charges des compagnies, et je vais indiquer sur quelles bases il me semblerait que ces modifications devraient être établies. Mais voyons à quels capitalistes nous avons affaire.

Les capitalistes grands ou petits se divisent en plusieurs catégories. Chaque catégorie a ses préférences dans ses placements, et il est utile à mon sujet de constater quelles sont les façons d'agir et de calculer des détenteurs de valeurs de chemins de fer. Il est reconnu que les gros porteurs de titres de ces sociétés ont l'habitude d'escompter l'avenir et de ne pas se borner, dans leurs calculs, aux chances du présent. Ils ont acheté depuis 100 jusqu'à 400 fr. de prime, à l'émission, les actions des compagnies qui n'avaient pas encore fait leurs études de construction ; ils sont accoutumés à voir dans ces entreprises des intérêts et des dépenses payées par le capital lui-même, parce que l'amortissement de ces dépenses et de ces intérêts se répartit sur de longues années. Enfin, l'exemple fourni par la Compagnie du Nord, qui vient d'obtenir de porter au compte de premier établissement l'insuffisance de ses recettes de 1870 à 1875, prouve que les dividendes des compagnies peuvent être augmentés ou maintenus par des combinaisons dont il est permis de reporter le poids sur l'avenir.

Nous avons donc affaire à des capitalistes habiles, expérimentés, qui ont à leur service des combinaisons diverses, dont ils ont usé plusieurs fois pour maintenir des entreprises de longue haleine dans les meilleures conditions de crédit. Déjà, dit-on, le gouvernement s'est adressé à eux pour obtenir un prêt de 200 millions de la part des compagnies; c'est un précédent sur lequel je m'appuie; mais je vais être bien plus exigeant que l'État : Je réclame, en effet, des compagnies le partage de leurs recettes avec l'État pendant dix ans.

Qu'on veuille bien ne pas se récrier dès l'abord et me lire jusqu'au bout, on verra que ma proposition est très-équilibrée.

Je dis : les six grandes compagnies de chemins de fer partageront leurs bénéfices avec l'État pendant dix ans.

Il leur serait reconnu 40 p. 100 de frais d'exploitation.

Sur les 60 p. 100 restant, 30 p. 100 appartiendraient à l'État, 30 p. 100 resteraient aux compagnies.

Ces derniers 30 p. 100 serviraient à payer en premier lieu l'amortissement et les services des obligations; l'excédant appartiendrait aux actions. Conformément aux précédents créés par l'État pour ses fonctionnaires, les traitements au-dessus de 6.000 fr. seraient réduits de 25 p. 100; cette économie, jointe aux sommes destinées à l'amortissement des actions, qui serait prorogé de vingt ans, viendrait augmenter les 30 p. 100 réservés aux compagnies. Si, après le service des obligations, la somme disponible augmentée de l'amortissement sus-mentionné ne suffisait pas aux compagnies pour payer 5 p. 100 d'intérêt à leurs actions sur le pair de 500 fr., conformément aux récentes conventions faites avec la Compagnie du Nord, elles seraient autorisées à porter au compte de premier établissement amortissable dans quatre-vingt-dix-neuf ans, la somme nécessaire pour parfaire cet intérêt de 5 p. 100.

Elles rentreraient ainsi momentanément dans les pratiques de la période de construction.

Les recettes des compagnies se sont élevées, en 1869, à

environ 700 millions. Une recette de 700 millions diminuée de 40 p. 100 donne net 420 millions, dont la moitié est 210. En supposant que les recettes ne s'accroissent pas, le partage avec l'État produirait, au bout de dix ans, 2 milliards 100 millions; mais il n'est pas permis de croire que le trafic reste stationnaire, et l'on doit estimer la somme qui serait reçue à 2 milliards et demi (1).

Ces 2 milliards 500 millions de versement ne pourraient pas, toutefois, être dépassés, quelles que fussent les recettes des compagnies.

En réalité, cette combinaison n'est autre que celle dont le gouvernement a, dit-on, pris lui-même l'initiative en réclamant des compagnies, comme je l'ai dit plus haut, un prêt de 200 millions, auquel on prétend que quelques-unes d'entre elles ne veulent pas accéder. Au lieu d'être un emprunt de 200 millions remboursable en rentes ou en espèces, *je réclame un prêt de 2 milliards 500 millions à verser dans une période de dix ans, et je le rembourse par les profits que j'accorde aux compagnies, au moyen d'une jouissance de vingt ans de plus dans la durée de leurs concessions.*

Mais comment se récupéreront-elles de ce débours? Elles ont deux ressources à cet effet.

La première consisterait dans l'autorisation qui leur serait donnée d'émettre après l'achèvement de leurs réseaux pour une somme équivalente de deux milliards cinq cent millions des obligations remboursables pendant la durée de leur exploitation prorogée; la seconde consisterait à compter sur les bénéfices mêmes de cette prorogation sans faire d'emprunt. Dans cette dernière hypothèse, — je ne veux rien laisser à discuter, — leur calcul s'établirait ainsi :

Leur versement n'ayant lieu que successivement pendant dix ans, c'est comme si elles versaient la somme entière au bout de cinq ans et le calcul ne doit en conséquence porter que sur soixante-quinze ans.

Pour base de ce calcul nous devons assimiler la propriété

---

(1) Il n'a pas été tenu compte dans ces calculs, pour ne pas les compliquer, de la mutilation de la Compagnie de l'Est.

des compagnies à la propriété territoriale, cette dernière propriété ne donne que 3 p. 100 de revenu. C'est donc sur le pied de 3 p. 100 d'intérêt que nous devons calculer. Deux milliards cinq cent millions placés à 3 p. 100 donnent soixante-quinze millions par an, qui multipliés par soixante-quinze ans produisent quatre milliards cent vingt-cinq millions, mais en accumulant les intérêts sur les intérêts cette somme s'élève au chiffre de vingt-deux milliards neuf cent trente-sept millions deux cent mille francs.

Pour première atténuation de cette somme les compagnies doivent compter le bénéfice de la prolongation de vingt ans sur l'amortissement : 1º de 1,477 millions d'actions; 2º de 10 milliards d'obligations émises; 3º de 3 milliards d'obligations à émettre qui sont reportées à quatre-vingt-dix-neuf ans.

Le bénéfice de cette prorogation, en considérant l'énorme accroissement de l'amortissement dans les dernières années de son extinction, peut s'évaluer (les intérêts cumulés donnant des chiffres fantastiques) à trois milliards. Il conviendrait d'ajouter à ce compte la diminution de leurs profits qu'amènera sous peu le partage avec l'État de leurs bénéfices au-dessus de 8 p. 100 et peut-être y aurait-il lieu de leur abandonner cette clause de leur cahier des charges.

Il faut donc que les compagnies traitées comme un simple banquier dans nos calculs alors que l'État leur a donné les subventions sus mentionnées et gratuitement la jouissance d'une propriété, qui met en leur pouvoir toute la viabilité du pays, il faut donc, dis-je, que pour qu'elles n'éprouvent pas le dommage illusoire qu'elles vont encourir que leurs recettes s'élèvent dans quatre-vingts ans à un chiffre double de celui qu'elles ont atteint en 1869. Il faut que de sept cent millions où elles sont montées depuis vingt ans, les recettes arrivent avec l'exploitation complète de leurs réseaux à quatorze cent millions dans un délai de quatre-vingts ans. Elles auraient en effet alors un produit net, en défalcant 40 p. 100 de frais d'exploitation, de un milliard, qui multiplié par vingt, donnerait un total de vingt milliards.

N'est-il pas permis d'espérer qu'elles atteindront ce chiffre de recettes? En effet, ou la France reprendra le cours de ses prospérités ou elle est tombée pour toujours. Si elle est destinée à périr n'en parlons plus; mais si elle se relève, l'agriculture, le commerce et l'industrie, dont les six grandes compagnies resteront les plus puissants agents sont destinés à développer une activité sans limites et les voies ferrées verront parallèlement aussi s'accroître leur trafic. Enfin on peut dire que si l'accroissement mentionné n'avait pas lieu, les compagnies succomberaient sous le poids de leurs charges actuelles, car dans quatre-vingts ans l'amortissement annuel de leurs titres aura pris des proportions si formidables qu'elles ne pourront pas l'opérer, si leurs recettes n'ont pas atteint le chiffre que nous prévoyons.

On objectera cependant obstinément que les actions de ces compagnies vont éprouver une grande dépréciation. — Mais est-ce que tous les autres éléments de la fortune publique ne sont pas atteints? Pourquoi l'intérêt général qui a servi de prétexte aux faveurs dont les compagnies ont été comblées ne servirait-il pas de raison suprême dans les circonstances présentes? Car de quoi s'agit-il au fond? D'un capital d'origine aléatoire de quatorze cent soixante-dix-sept millions au pair auquel on a donné quinze cent millions de subvention qui ont eu pour effet de doubler la valeur des titres des six grandes compagnies. — Mais c'est l'impôt qui a fourni cette plus value que l'on voudrait préserver à outrance. Est-ce donc un déni de justice, lorsque le salut public le commande, de réclamer que cette plus value retourne momentanément au Trésor? Toutefois si malgré tout, on voulait faire prévaloir que c'est un sacrifice auquel on les force de souscrire, au nom de la chose publique, par les considérations que j'ai déjà exposées et que je me réserve de développer encore, je déclare qu'il faut le leur imposer.

Maintenant passons aux valeurs étrangères. Avec cette nature de titres nous rentrons dans le procédé de l'impôt. Les émissions de valeurs étrangères à la Bourse de Paris pendant l'Empire se sont élevées à près de dix milliards. Elles ont servi en aidant les nations étrangères à accomplir des œuvres de toute nature, à alimenter cette universelle envie dont notre isolement dans nos malheurs a été la cruelle révélation.

Je proposerais donc d'établir un impôt sur les valeurs étrangères. Cet impôt, ainsi que j'ai eu l'honneur de le dire à M. le ministre des finances, pourrait s'établir par un droit de timbre sur la négociation de ces valeurs.

Elles ne pourraient être vendues ou achetées qu'au moyen d'un bordereau de vente ou d'achat libellé sur papier timbré comme cela a lieu pour les billets de commerce. En prenant pour exemple la pratique des compagnies d'agents de change qui perçoivent un droit de timbre sur le montant des courtages pour alimenter leur caisse commune, et qui ne reconnaissent de valables que les bordereaux revêtus de ce timbre, aucune négociation de valeurs étrangères ne serait valable que si les engagements étaient timbrés. Le timbre sur l'achat et la vente des valeurs étrangères devrait être à mon avis de un dixième, soit dix centimes par cent francs de capital.

Des personnes fort expérimentées m'ont assuré que dans ces conditions cet impôt produirait plus de dix millions par an.

Mais des raisons autres que la nécessité commandent de mettre un frein à la circulation des valeurs étrangères sur notre marché.

On a dit, et malheureusement cette opinion a prévalu pendant l'Empire, que la libre circulation de toutes les valeurs mobilières importait à notre prospérité, qu'il fallait, dans l'intérêt de la grandeur de la France, que Paris devînt le plus important marché financier de l'Europe, et que le gouvernement devait rechercher et appliquer tous les moyens en son pouvoir pour disputer à la Bourse de Londres cette sorte de monopole qu'elle avait de pourvoir aux besoins financiers du monde entier.

On oubliait que notre état social ne nous permettait pas d'entrer sans d'immenses dangers, ainsi que nous l'avons trop appris à nos dépens, dans cette aventureuse carrière. En Angleterre, en effet, il n'est pas permis de devenir propriétaire, et le sol ne peut être possédé que par l'aristocratie. Les immenses profits que font le commerce et l'industrie anglaise ne peuvent donc être employés que dans l'industrie et le commerce ou dans des titres mobiliers (1). Il résulte de cet état de choses qu'il existe toujours en Angleterre une somme énorme de capitaux flottants, sans cesse disponibles et en quête d'un placement. A côté de ces grands capitaux, une organisation multiple et diverse d'institutions de crédit qui fonctionnent jusque dans les coins les plus reculés des trois royaumes donne à ces capitaux des facultés de se mouvoir, de se réunir et de s'échanger qui centuplent leur action et qui nous sont inconnues. En France, nous n'avons qu'un établissement de crédit qui est un véritable monopole, la Banque de France. En Angleterre, le commerce et l'industrie sont pour ainsi dire constitués aristocratiquement comme la nation elle-même, par associations puissantes assises sur des capitaux énormes, jouissant d'un crédit illimité et se suffisant à elles-mêmes. En France, le commerce et l'industrie, livrés aux forces individuelles, constitués démocratiquement comme le pays, trouvent difficilement quelques ressources dans des capitaux privés que se disputent tous nos besoins. En France, enfin, le droit de posséder et l'amour de la propriété portent vers le sol, vers l'acquisition des immeubles une grande portion des capitaux issus de l'épargne ou des bénéfices de notre travail.

(1) Je trouve dans un ouvrage que M. H. Taine public sur l'Angleterre la note suivante, que je reproduis à l'appui de mon raisonnement : « D'après « un rapport officiel, en 1866, pour les gains provenant du commerce, des « professions et de l'industrie, cent trente-trois personnes déclaraient devant « l'*income-tax* que leur revenu était de 50,000 liv. st. ou au delà ; neuf « cent cinquante-neuf personnes que leur revenu était de 10,000 à 50,000 « liv. st. ; quatorze mille six cent vingt-trois personnes que leur revenu « était de 1,000 liv. st. ou au delà. Pour les rentes provenant de la propriété « foncière, cent une personnes estimaient leur revenu à 4,000 livres ou au « delà ; mille neuf cent quarante-trois personnes à 1,000 livres et au delà. « On pense aujourd'hui que le sol de l'Angleterre est possédé par trente « mille personnes et qu'il y en a la moitié aux mains de cent cinquante pro- « priétaires. »

Ces chiffres devraient être toujours présents à notre mémoire lorsque nous entendons parler d'introduire en France les manières-d'être de l'Angleterre.

Donc, créer en France des instruments pour attirer les capitaux dans des placements mobiliers à l'étranger, nous faire enlever, pour les éparpiller dans toutes les directions, avec les appâts de la spéculation et du jeu, les petits capitaux disponibles, les ravir ainsi à leur destination accoutumée et naturelle qui était avec la pénurie de nos ressources de crédit et l'infime division de notre organisation commerciale, industrielle et agricole, la satisfaction de nos propres besoins, ça été presque un crime de lèse-nation.

Le résultat de ce système a été, en effet, la dilapidation de nos épargnes, l'enrichissement de quelques centaines de personnes dans les hasards frauduleux de la spéculation, et une perte de trois milliards dans ces aventures à l'extérieur, ainsi qu'il en a été fait la déclaration en plein Sénat (1).

Voilà pourquoi il est utile, il est patriotique de réagir contre un système qui a donné aux opérations de bourse un si grand développement qu'elles sont devenues un véritable danger.

Il est indispensable de leur mettre un frein, et pour commencer il faut frapper d'un impôt la négociation des valeurs étrangères qui n'ont donné de profits qu'aux intermédiaires qui les ont patronnées. Il est bon, dans les circonstances actuelles, qu'on éloigne le public français de ces valeurs, et il est utile que l'on provoque leur émigration sur d'autres bourses, par un impôt qui créerait des entraves à leur circulation sur les nôtres. Nous sommes en effet menacés d'une crise monétaire permanente par le paiement de notre indemnité de guerre, et en poussant les valeurs étrangères que nous détenons sur d'autres marchés nous constituerons ces marchés nos débiteurs, et les versements à faire aux Allemands pourraient s'opérer par diverses places.

Cette considération n'échappera pas, je l'espère, à la pénétration du ministre des finances, et il n'hésitera pas à proposer l'impôt dont il s'agit (2).

(1) Par M. de Persigny.
(2) *La création d'un impôt qui pousserait* MOMENTANÉMENT *les valeurs étrangères sur les marchés de Londres, de Francfort, de Vienne, d'Ams-*

Il me reste à parler des valeurs diverses et des hypothèques.

On pourrait appliquer aux valeurs diverses la taxe de négociations imposée aux valeurs étrangères, avec la pénalité qui en serait la conséquence. J'y verrais cet avantage, qu'elles ne donneraient plus lieu à des spéculations journalières et que les entreprises qu'elles représentent ne seraient pas toujours conduites en vue de leurs fluctuations. Les institutions de crédit y gagneraient d'éviter les aventures dans lesquelles elles

terdam, *est une mesure de préservation que commande l'imminence et le danger de la crise monétaire.*

Mais en même temps il faudrait atteindre ce parasitisme des opérations de bourse qui prélève tous les ans plus de 100 millions sur le public. Ce parasitisme est un scandale et un mauvais exemple pour tous ceux qui travaillent véritablement et gagnent péniblement et difficilement de quoi satisfaire aux exigences de leur existence. A cette effet d'abord, tout agent, banquier ou intermédiaire qui soustrairait là négociation de valeurs étrangères au paiement de l'impôt, serait frappé d'une amende de 10,000 francs, et à la seconde contravention l'entrée de la Bourse lui serait interdite.

Ensuite les banquiers et intermédiaires dont les opérations consisteraient principalement en affaires de bourse, les spéculateurs qui ne vivent que de ces spéculations paieraient une patente proportionnelle au chiffre de leurs affaires. Les spéculateurs de bourse qui font des opérations énormes, les intermédiaires libres qui y réalisent des profits journaliers avec une si déplorable facilité ne paient pas patente. Pourquoi cela? Le dernier des boutiquiers de Paris qui court l'aventure de la faillite, qui ne peut atteindre les spéculateurs et les intermédiaires dont je parle, supporte une patente pour sa maigre industrie. Pourquoi cette inégalité?

La taxe que je réclame serait morale et politique. C'est avec cet esprit qu'il faut concevoir de nouveaux impôts; ce n'est pas une raison suffisante que de ne pas être négociant dans l'acception légale du mot pour en être exempt. Les bénéfices considérables réalisés dans la pratique des spéculations de bourse commandent des mesures qui donnent satisfaction à l'opinion publique. Lorsqu'on voit que le travail honnête et persévérant ne conduit que très-difficilement à une aisance pénible et que des hasards déshonnêtes sont la source de fortunes fastueuses, les consciences se troublent, les esprits s'aigrissent et l'on accuse de cet état de choses le gouvernement et la société. Croit-on que dans les attaques contre le capital, que dans nos discordes civiles, cet état de choses ne soit pas entré pour une grosse part? Et dès lors comment hésiterait-on à réclamer de fortes contributions de la part de ce public de la Bourse qui prospère si facilement et dans des conditions généralement si peu respectables.

se lancent en raison de la hausse ou de la baisse incessante de leurs actions qu'elles doivent toujours surveiller aux dépens de l'application que réclame la conduite de leurs opérations. On sait quel a été le sort de l'institution fameuse qui a donné le branle aux pratiques du jeu sur les actions de sociétés financières, et ce serait un acte de grande moralité que de mettre des obstacles à ce métier d'entraîneur d'affaires qui a conduit à la ruine un si grand nombre de familles.

Quant aux hypothèques, elles constituent au capital qui les represente un privilége qui le rend imposable comme toutes les valeurs privilégiées.

En effet, le créancier hypothécaire ne court aucun des risques de son débiteur. Que la gelée, la grêle, les inondations, l'épizootie réduisent le propriétaire à la détresse ; que les locataires ne le payent pas ; qu'un ouragan dégrade profondément son immeuble ; que la non-location le prive de ses loyers ; que l'impôt soit augmenté ; le créancier hypothécaire ne participe en rien aux conséquences de ces épreuves ; si le propriétaire meurt, c'est son héritier qui paye les droits de succession sur l'hypothèque comme si la propriété n'en était pas grevée ; si le créancier hypothécaire cède sa créance, le fisc le laisse en paix. Aujourd'hui, tous les impôts de production et de consommation étant augmentés, le propriétaire en recevra le contre-coup par la diminution de ses loyers, ou la non-location, ou l'abaissement de valeur de l'immeuble lui-même, cela ne regarde pas le créancier hypothécaire. On a mis une taxe sur les assurances, c'est le propriétaire seul qui paye. Le créancier hypothécaire peut donc laisser indifféremment passer tous nos malheurs, ils ne le touchent pas. Cela n'est pas équitable, et cette injustice est encore une cause du grand trouble qui agite les esprits et égare les jugements.

Donc, il faut imposer le créancier hypothécaire.

On calcule qu'il existe huit milliards de créances hypothécaires réelles ; à cinq pour cent, c'est une somme de quatre cent millions par an. Un dixième de taxe sur ce revenu ou demi pour cent sur le capital donnerait quarante millions par an. Je demande la création de cette taxe,

Je vais maintenant faire le résumé de mes propositions et établir leurs résultats.

Je laisse à l'appréciation du législateur l'opportunité d'un impôt sur la Rente et les Emprunts départementaux, communaux et urbains.

Par la combinaison avec les six grandes compagnies de chemins de fer, on obtient, d'un côté, avec les obligations, deux milliards, de l'autre, avec le partage des recettes nettes pendant dix ans, deux milliards cinq cent millions.

L'impôt sur la négociation des valeurs mobilières et des valeurs diverses donnerait, je crois, au moins, avec l'impôt sur la Bourse douze millions par an. Les créances hypothécaires quarante millions.

Les ressources mises à la disposition de l'État s'élèveraient, en conséquence, à plus de cinq milliards.

Je ne parle pas de la somme que produirait le partage des bénéfices au-dessus de huit pour cent avec les compagnies financières, et je ne veux pas la supputer.

C'est une question posée devant le législateur.

Cette ressource de cinq milliards devrait servir à l'émission d'un emprunt spécial remboursable dans vingt ans. Nous ne pouvons pas, en effet, faire supporter, à l'avenir, le poids tout entier de nos fautes et de notre abandon de nous-mêmes. Il ne faut pas laisser à nos successeurs de trop lourdes charges ; un bon père de famille n'a pas l'habitude, s'il veut que sa mémoire soit bénie et respectée, de ne laisser que des dettes à ses enfants.

C'est pour cela que je n'ai voulu imposer que le *passé* et que je ne voudrais pas toucher au présent. J'ai considéré que cette prospérité factice de l'Empire devait être expiée par ceux mêmes qui en ont joui ou dont la complicité y a fait croire. Il m'a semblé que l'on pourrait donner ainsi à l'opinion et aux agitations une satisfaction qu'elles réclament vainement dans des formules indéfinies et dans des agitations insensées.

Cependant il est une objection que je ne veux pas passer sous silence et qu'on réservera, sans doute, comme le dernier et le plus victorieux des arguments, pour détruire mes propositions.

On dira : l'immense diffusion des valeurs que vous voulez imposer va produire ce résultat, que vous atteindrez aussi bien le petit rentier que le gros capitaliste, et vous serez l'auteur d'une perturbation nouvelle parmi ceux qui vivent de peu.

Je répondrai que les projets de la commission du budget atteignent aussi et bien plus lourdement que je ne veux le faire, à mon avis, ceux qui ont besoin de tous leurs revenus pour vivre. Toutefois, le petit rentier qui a placé son avoir sur des titres fiduciaires n'est pas ce que l'on pense ; il ne ressemble pas à celui qui porte ses modestes économies à la Caisse d'épargne : c'est un spéculateur. Il est coutumier de toutes les aventures ; il a suivi les entraîneurs en Italie, en Espagne, en Portugal, en Turquie, en tous lieux, et il n'a pas pour ses placements cette sollicitude qu'on invoque en sa faveur. Il sait ce qu'il fait et n'a pas besoin de tutelle ; il se sortira très-bien de sa nouvelle situation. Il a vu les actions de chemins de fer doubler de valeur et descendre au-dessous du pair et il est accoutumé à leurs variations : il n'en supporte pas tout le poids ; la diminution du prix de ces valeurs s'échelonne dans des mains diverses ; car, je le répète, le petit capitaliste en question rentre dans une catégorie spéciale qui a son éducation faite. Il n'ignore donc pas que les priviléges qui ont constitué ses titres et que l'intervention pécuniaire de l'État amènent quelquefois à leur suite des demandes de compensations rétrospectives. Lorsqu'en 1868 on a accordé aux six grandes compagnies des garanties réirospectives sur 840 millions 800,000 fr., il a constaté que ce principe était désormais sanctionné, mais qu'il pouvait l'être réciproquement. Ce petit rentier, objet de tant d'alarmes, a suivi toutes les péripéties de l'emprunt mexicain, et on ne l'a guère plaint d'avoir couru ces risques. Il n'est donc pas, par sa nature, un argument irréfutable, et il saura très-bien s'arranger pour que la contribution qu'on lui demande ne soit pas trop lourde pour lui.

D'ailleurs, est-ce que les lois sur les loyers et la prorogation des échéances n'ont pas aussi fait subir des pertes à de petits rentiers aussi intéressants que ceux qui ont placé leurs capitaux sur des titres fiduciaires ou des hypothèques, qui ne réclament de leur part ni travail ni responsabilité ?

Faut-il donc que le rentier fiduciaire ou hypothécaire soit le seul à ignorer, pour ainsi parler, que nous avons subi l'invasion, la guerre civile et que l'industrie et le commerce sont en liquidation ? Doit-il être seul exonéré des contributions et des sacrifices que réclame notre détresse, parce qu'il n'est plus obligé de travailler ? Mais prenez garde de fournir encore des armes à ceux qui attaquent à tort et à travers tous les détenteurs de capitaux, qu'ils rendent solidaires, animés qu'ils sont par l'envie, la convoitise et les mauvaises passions, encore debout sur nos ruines.

Car la victoire de l'ordre sur le désordre n'a pas ramené le calme dans les esprits, n'a pas mis la lumière dans les intelligences, et l'impôt, la répartition de l'impôt étant, il est superflu de le répéter, le plus puissant et le plus constant des éléments de discorde entre une nation et son gouvernement, quel qu'il soit, c'est à l'asseoir aujourd'hui sur des bases presque exclusivement politiques qu'il faut s'appliquer. Voilà ce que j'ai voulu démontrer dans ce travail, et je vais le terminer dans cet ordre de considérations.

II

La première considération sur laquelle je veux revenir, c'est que mes propositions n'ont pour but que d'atteindre le *passé* et de dégager autant que possible le présent et l'avenir dans nos désastres. Ainsi, il serait indispensable que les futures transactions hypothécaires, que les opérations du commerce et de l'industrie demeurassent dans leurs conditions actuelles. La commission du budget, par son système, fait peser le poids de nos fautes sur ceux mêmes qui en sont responsables par leur apathie et leur abandon d'eux-mêmes, mais elle atteint en même temps le passé, le présent et l'avenir, en créant toutes sortes d'entraves à notre activité industrielle et commerciale, en sorte que les générations nouvelles sont appelées à subir les conséquences de catastrophes qu'elles n'ont aucunement provoquées. Si les projets de la commission sont acceptés, ils formeront, je le crois, de nouveaux éléments d'agitation pour entretenir cette question sociale, dont on n'évitera pas les dangers en ne s'en occupant pas et en agissant comme si elle n'existait pas.

Quant à moi, je crois que dans la liquidation de nos dettes et la création de nouveaux impôts, il faut, au contraire, en tenir grand compte, car le problème de la répartition du capital et de la diffusion du travail est en majeure partie posé par la situation financière, dans laquelle les événements nous ont mis.

En effet, les plus grands exutoires offerts aux générations qui arrivent, les fonctions publiques n'étant accessibles qu'à peu d'élus, sont l'industrie et le commerce. Or, ces carrières dépendent du capital, et le travail ne peut s'y développer qu'avec son concours. En me reportant à ce que j'ai dit plus haut sur la façon d'être de notre fortune mobilière, je constate encore que cette fortune ne peut plus être sous la forme définitive qu'elle a prise un germe de fécondation pour les autres.

Le capital mobilier fiduciaire ne pouvant donc plus servir au développement de la richesse publique, il est de première nécessité que les autres capitaux circulant aient toutes les facilités pour se répandre, qu'ils ne soient pas imposés, et que le travail qu'ils doivent alimenter et faire fructifier ait le moins de charges possibles, afin d'offrir à ces capitaux les plus grandes chances de rémunération. Organiser des institutions pour économiser l'emploi du capital commercial et industriel, et lui permettre de développer le travail dans toutes ses branches, favoriser sa circulation, le débarrasser des taxes et des entraves qui pourraient le rebuter; voilà donc l'œuvre de première nécessité à accomplir. Pour cela, il faut soustraire à nos épreuves ce capital mobile, qui représente le présent et l'avenir, tandis que le capital mobilier est le passé, car l'un est essentiellement reproducteur, et l'autre a fini sa carrière. Toutefois, je sais bien que les épargnes faites sur les revenus des titres mobiliers reconstituent aussi un capital, mais ces épargnes, par une habitude prise dans leur origine même, vont se placer presque toutes dans des valeurs semblables à celles d'où elles sortent. Elles alimentent des besoins publics, mais elles ne sont pas à la disposition du commerce et de l'industrie.

Cependant, le capital *mobile* étant la seule ressource du commerce et de l'industrie, n'est-il pas souverainement impolitique de lui imposer des charges qui l'empêcheront de constituer des épargnes qui ont la même destination que lui? Donc, puisqu'il faut créer de nouveaux impôts, faisons-les porter sur le capital *mobilier*, et non sur le capital *mobile*.

Je ne saurais trop insister sur la distinction à établir entre les deux sortes de capitaux dont je parle. Le capital *mobile*, engendré par le commerce et l'industrie, et qui reste à leur service, est né de « cet esprit de frugalité, d'économie, de « modération, de travail, de sagesse, de tranquillité, d'ordre « et de règle qui, comme l'a dit Montesquieu, sont les quali- « tés indispensables au commerce. » Si les antagonistes du capital veulent y réfléchir un peu, ils trouveront celui-ci res- pectable. Le capital *mobilier*, au contraire, qui est le seul en évidence, a les allures si bruyantes et quelquefois si effron- tées, qu'il est la cause même des attaques lancées contre tous ceux qui possèdent.

Il y a donc de grandes raisons politiques pour accepter des projets qui obligeront le capital *mobilier* à concourir pour une grosse part à notre libération. On parle beaucoup de la réorganisation et de la régénération du pays; les lois n'y suf- firont pas; il faut encore transformer les mœurs. Les mœurs se corrompent ou se corrigent par l'exemple. Or, les posses- seurs de la fortune mobilière doivent être les premiers provo- qués, parce qu'ils ont profité des lois d'exception, à montrer qu'ils ne sont pas plus avares de leurs revenus que de leur sang, et qu'ils méritaient les dons qui leur ont été faits. Ils auront pris ainsi l'initiative de notre régénération et de notre réorganisation par l'abnégation des intérêts privés; ils auront imposé silence à toutes les clameurs.

Une nuit, l'ancienne noblesse a déchiré ses titres et répudié ses priviléges; ces titres et ces priviléges représentaient la majeure partie de ses richesses en même temps que ses hon- neurs; voilà l'origine de la société nouvelle. Aujourd'hui cette société est en proie aux douleurs d'une autre transformation que ses angoises seules révèlent et dont les causes sont aussi diverses qu'obscures. Il faut lui venir en aide, et pour avoir le droit de traiter sa terrible maladie montrer qu'on est à la fois capable de toutes les sollicitudes et de toutes les abnéga- tions. — Donc, pour prendre en mains la direction de nos destinées livrées aux hasards du suffrage universel, qu'à son tour la bourgeoisie ait, dans la personne de ses mandataires, sa nuit du 4 août, en abandonnant, pour inaugurer le règne de la démocratie, au pays dans la détresse une portion des revenus qui lui ont été constitués par les faveurs, privi- léges et contributions de l'État. Cet acte lui rendra le rôle qu'on lui dispute et qu'elle est menacée de perdre, et la France, ne craignant plus des usurpations anarchiques, assurée de sa tranquillité intérieure, pourra alors étudier et accueillir avec calme tous les progrès politiques et sociaux, dont aujourd'hui elle n'ose même pas entendre parler.

Ainsi doit commencer la solution et l'apaisement de la question sociale. Notre émancipation politique étant accomplie, nous sommes le pays du monde où cette question existe le moins, et cependant celui où elle s'agite le plus. La nécessité du travail, la division infinie des fortunes et l'ignorance, sont les causes de cette agitation. Rechercher de nouvelles sources de travail, organiser une meilleure répartition des capitaux pour en économiser l'emploi, répandre les lumières; tel est le rôle auquel doivent s'appliquer les hommes de bonne volonté. C'est celui que remplit dans cette Angleterre que l'on cite toujours à tort et à travers la classe dominante; c'est celui que tendent à prendre ceux qui veulent se dénommer exclusivement « les Travailleurs, » comme si dans notre pays tous les citoyens n'étaient pas obligés de subir la loi du travail. Et comment agissent à la fois ceux qui ont la prétention de réformer la société à leur usage, et ceux qui, au delà du détroit, veulent conserver sa direction?

Ils s'unissent quand besoin est dans le sacrifice; là d'une portion de leurs richesses, ici d'une portion de leurs gains, pour faire prévaloir leur influence et leurs intérêts. C'est à imiter et à suivre cette conduite politique, que nous voudrions pousser les classes éclairées, et la création de nouveaux impôts nous a paru l'occasion qu'elles devraient saisir d'entrer dans cette voie.

FIN

LIBRAIRIE INTERNATIONALE

A. LACROIX, VERBOECKHOVEN & Cie, Éditeurs

15, boulevard Montmartre et faubourg Montmartre, 13

HISTOIRE

DE LA

CAMPAGNE DE FRANCE

1870 - 1871

Par F. DELAUNAY

2 vol. in-8º. paraissant en dix fascicules de 80 pages environ,
avec huit cartes, au prix de 1 franc le fascicule.

L'OUVRAGE COMPLET, 2 VOL. IN-8º : 10 FRANCS

La France, violemment disjointe, est rendue enfin à
elle-même. Son premier besoin est de rassembler dans sa
pensée tous les détails et les accidents de cette lutte déses-
pérée.

Voici un livre qui répond à ce besoin d'informations
générales et complètes. Grâce à lui, Paris et la province
vont se retrouver et se comprendre ; la lumière va se
faire et l'ordre s'introduire dans ce chaos de rumeurs con-
tradictoires et rétrospectives,

Un écrivain de talent, préparé par des études histo-
riques de haute valeur, M. Ferdinand Delaunay s'est
donné la tache de retracer l'*Histoire de la Campagne de
France* (1870-71). Son travail, constamment animé par un

souffle d'indépendance et de libéralisme, par des peintures saisissantes où l'on surprend les tressaillements, les espérances et les angoisses du patriotisme, embrasse tous les faits moraux, politiques, diplomatiques, militaires et administratifs qui ont préparé, provoqué ou accompagné la guerre.

A côté du récit détaillé, dramatique et vivant des événements on trouve des déductions lumineuses et des jugements mûrement réfléchis.

Ce n'est donc pas un travail improvisé, en ce sens que rien n'y est négligé ni tronqué. Les parties les plus importantes et les plus difficiles, qui touchent à la politique générale, y sont traitées avec soin. Un ensemble de documents précieux, que la publicité journalière disperse à tous les vents, y sont réunis pour établir authentiquement les faits, confirmer les appréciations et donner des matériaux aux historiens futurs.

L'œuvre de M. Ferdinand Delaunay n'est pas seulement l'œuvre d'un historien, mais d'un patriote. Elle nous fait pénétrer la raison profonde des choses, la logique, souvent cachée et toujours inexorable, des faits. L'auteur écrit pour les contemporains, afin de les éclairer et de les corriger, mais aussi pour la génération qui s'élève, afin de la fortifier, de l'armer, de l'aguerrir. Il travaille à l'œuvre grande et sainte de guérison et de résurrection.

« Le moment est venu, dit-il, de reconnaître nos faiblesses, nos fautes, nos vices, nos crimes, pour les proscrire et les effacer. Le moment est venu de porter sur nos plaies le fer et le feu. Descendons en nous-mêmes, éclairons nos consciences ; devenons attentifs, modestes, sérieux et forts.

« Savez-vous quel sera le chemin de la réhabilitation, c'est-à-dire de la vengeance ?

« L'étude, le travail, le devoir, la discipline dans les idées et dans les mœurs ! »

Paris. — Imp. Émile Voitelain et Cᵉ, 61, rue J.-J.-Rousseau.

LIBRAIRIE INTERNATIONALE

A. LACROIX, VERBOECKHOVEN et Cie, Éditeurs

13, *Faubourg Montmartre, à Paris*

PUBLICATIONS DE 1870

Motley. Histoire des Provinces-Unies des Pays-Bas, traduit de l'anglais par M. E. Rordy, 8 vol. in-8, le vol. . . . , ... 5 fr.

*** Le Machiavel français, broch. in-8 de 150 p. . 2 fr.

*** Le Catholicisme romain et l'Orthodoxie russe. 1 fr.

Ch. Mismer. Soirées de Constantinople, 1 v. in-8. 6 fr.

Th. Funck-Brentano. La Pensée exacte en philosophie, 1 volume in-18. . . . . 3 fr. 50.

A. de Corval. La Danse des Vivants, 1 v. in-18, 2 fr.

De l'Etang. l'Ouvrier, sa Femme et ses Enfants, 1 volume in-18. . . . . 1 fr. 25

Alphonse Esquiros. l'Emile du XIXe siècle, 1 beau volume in-8. . . . . 7 fr. 50.

Godimus. l'Esprit de Famille, 1 vol. in-18. . . 3 fr.

Raymond François. Les Derniers Jours d'un Empire, 1 volume in-18. . . . . 3 fr. 50.

M. de Montifaud. Marie-Magdeleine, 1 b. v. in-8 5 fr.

P. Foucher. Le Démon de l'Amour, 1 v. in-18. 2 fr.

Plouvier. Le Livre d'or des Femmes. 1 beau volume avec 40 gravures hors texte, broché 10 fr., relié 14 fr.

Janus. Le Pape et le Concile, traduit par GIRAUD-TEULON, 1 volume in-18. . . . . . . 3 fr. 50.

Pétruccelli della Gatina. Histoire diplomatique des Conclaves, 4 forts volumes in-8. . . . 24 fr.

Laurent. Le Catholicisme et la Religion de l'avenir, 2 volumes in-8. . . . . 15 fr.

Gneist. La Constitution communale de l'Angleterre. 5 volumes in-8. . . . . 25 fr.

*** Études politiques sur le second Empire. in-8.   2 fr.

Armand Pommier. Les Monologues d'un Solitaire, 1 volume in-8. , ... 7 fr. 50

Xavier Broca. Projet concernant l'extinction du Paupérisme, in-8. . . . . 1 fr.

A. de Lourmel. Le Tir et la Chasse, 1 v. in-18, 2 fr.

J. Levallois. L'Année d'un Ermite, un v. in-18. 3 fr. 50.

Jules Simon. Le Travail, un volume in-8. . 6 fr.

Claire de Chanteneux. Les Remèdes contre l'Amour, 1 volume in-18. . . . . 3 fr.

Adéle Daminois. Corps et Ame, 1 vol. in-18. 3 fr.

Neptali Chambellan. Les Deux Vicaires, 1 volume in-18. . . . . 3 fr.

Le Doux. La Bordelaise, 1 vol. in-18. illustré. . 3 fr.

De l'Etang. l'Ouvrière et ses Enfants, 1 v. in-18. 50 c.

Armand Mayem. Quelques conséquences du principe des Nationalités. 1 volume in-18. . . . . 2 fr. 50.

— La Démocratie représentative, 1 v. in-18. 1 fr. 50.

— De la Représentation nationale. 1 v. in-18. 1 fr. 50.

Docteur Oliviéri. La Science devant la Philosophie et la Foi. 1 volume in-18 . . . . 1 fr. 50.

Ambert. Portraits Républicains, 1 vol. in-18. 3 fr. 50

Charles Delprat. L'art du Chant, 1 vol. in-8. 2 fr.

Lazare. La Légende des rues, 2 vol. in-18. . . 7 fr.

Jules Simon. Le Travail, 1 vol. in-18. . 3 fr. 50.

— L'Ecole, 1 volume in-18. . . . . . . 3 fr. 50

— L'Ouvrier de huit ans, 1 volume, in-18. 3 fr. 50.

— La Politique radicale, 1 volume in-18. 3 fr. 50.

D. P. Le Sublime ou le Travailleur, comme il est en 1870, 1 volume in-8. . . . . 7 fr. 50.

Jules Simon. Le Libre-Echange, 1 vol. in-8. . 6 fr.

— La Peine de mort, 1 volume gr. in-18. . . 1 fr.

Edgar Quinet. La Création, 2 vol. in-8. . . 10 fr.

Léon Vaquez. Raymonde, 1 v. gr. in-18. . . 3 fr.

*** Réponse à Alexandre Dumas fils, à propos de la préface de l'*Ami des femmes*, 1 broch. in-12. . 50 c.

Paul Aréne. Jean des Figues, avec une eau-forte d'Émile Benassit, 1 volume gr. in-18. . . . 3 fr.

Henri Cernuschi. La Mécanique de l'Échange,
1 volume in-8. . . . . 3 fr. 50.
— Contre le billet de banque, 1 vol. gr. in-18. 2 fr.
— Illusions des Sociétés coopératives, 1 v. in-18. 2 fr. 50.

P.-J. Proudhon. *(Œuvres posthumes)* *Théorie
du Mouvement constitutionnel* au XIXe siècle. Les
Contradictions politiques, 1 vol. gr. in-18. 3 fr. 50.

Comtesse de Juillan. Les Trois amours (Caprice
Passion, Tendresse) 1 volume gr. in-18. . . 2 fr

Edmond Castellan. Recherches sur le Principe
d'autorité, 1 volume gr. in-18. . . . . . 3 fr 50.

Charles Gouraud. La Société française et la
Démocratie, 1 volume gr. in-18. . . . . 3 fr. 50.

L. Guyot-Montpayroux. La France du Suffrage
universel, broch. in-8. . . . . 1 fr.

E. Darcey. Le Concile, satire. broch. in-8. . . 50 c.
*** L'Empire austro-hongrois et la Politique du comte
de Beust. Esquisse politique des hommes et des choses
de 1866 à 1870, avec cartes, traduit. de l'anglais,
1 volume in 8. . . . . 5 fr.

G. Hervé. La Question religieuse au point de vue de la
Conscience générale, 1 volume gr. in-18. . 3 fr. 50.

Ch. Potvin. Les Prix quinquennaux et triennaux
en Belgique. — Rapports officiels de 1850 à 1870.
1 volume in-8. . . . . 5 fr.

Ch. Desmaze. Le Chatelet de Paris, son organisation,
ses priviléges, 1 volume in-8. . . . . . . 3 fr.

Hippolyte Babou. Les Amoureux de Mme de Sévi-
gné. Les Femmes vertueuses du grand siècle. 1 vol.
in-8. . . . . 3 fr.

Paul Merruau. L'Égypte contemporaine, de Méhé-
met-Ali à Saïd-Pacha. Nouvelle édition augmentée d'une
Étude sur l'Isthme de Suez, par Ferdinand de Lesseps,
1 volume in-8. . . . . 3 fr.

Louis Blanc. Histoire de la Révolution de Février
1848, 2 volumes gr. in-18. . . . . 7 fr.

Mme Gagneur. Les Forçats du Mariage, 1 v. in-18. 3 fr.

Fr. Laurent. Études sur l'Histoire de l'Humanité.
Histoire du Droit des Gens. t. xviii. 1 v. in-8. 7 fr. 50.
— La Philosophie de l'Histoire, 1 vol. in-8. 7 fr. 50.

Edouard Langeron. Grégoire VII et les Origines
de la Doctrine ultramontaine, 1 vol. in-8. . 5 fr.

X. Emmanuelli. Aux Paysans. Le vote du Plébiscite
de 1870, brochure. . . . . . . , ... 50 cent.
*** Danger de la Médecine et des Préparations phar-
maceutiques, par un Philosophe, brochure. . 1 fr.

L'abbé C*.** Au Clergé français. — A bas les masques.
— Caractères et Portraits. — Études sur le Clergé.
1 volume gr. in-18. . . . . 3 fr. 50.

Alexis Bouvier. Les Pauvres, 1 vol. in-18. 3 fr.

Ponson du Terrail. L'Héritage de la Maltote.
La Conspiration Cadoudal, 1 vol. gr. in-18. . 3 fr.

G. de Boisville. Mélanges. — Mémoires d'un Pion.
— Toullens ou une petite ville bretonne. — Études
sur la Bible, 1 volume gr. in-18. . . . . . 3 fr.

Ernest Lavigne. Les Échos de Paris, 1 vol. gr.
in-18. . . . . 3 fr.

Georges Mancel. Les Paysans de Paris, 1 volume
gr. in-18. . . . . 3 fr.

Auguste Deschamps. Eugène Cavaignac, 2 volumes gr. in-18 jésus . . . . 7 fr.

Mannequin. Le Problème démocratique, 1 fort vol.
iu-8. . . . . 7 fr. 50.

Lessing. Théâtre complet, traduit par F. Salles.
3 volumes gr. in-18 jésus . . . . . . 10 fr. 50.
*** Les Français sur le Rhin, broch. in-8. . 50 c.

Hadrian Ségoillot. Lettres sur l'Espagne, 1 volume
in-18. . . . . 3 fr.

Martineau. Richelieu, 3 vol. in-8. . , . 22 fr. 50.

Ch. de Coster. Le voyage de Noces, 1 volume gr.
in-18. . . . . 3 fr. 50.

Ch. Jolliet. Les Romans patriotiques. — La Frontière.
— L'Occupation. — 1 vol. gr. in-18. . . . . 3 fr.